AF188180

Impressum
Verlag: BABADADA GmbH, Nedderfeld 112 , 22529 Hamburg
Geschäftsführer / Verlagsleitung: Harald Hof
Druck: Books on Demand GmbH, In de Tarpen 42, 22848 Norderstedt

Imprint
Publisher: BABADADA GmbH, Nedderfeld 112 , 22529 Hamburg, Germany
Managing Director / Publishing direction: Harald Hof
Print: Books on Demand GmbH, In de Tarpen 42, 22848 Norderstedt, Germany

school

skola

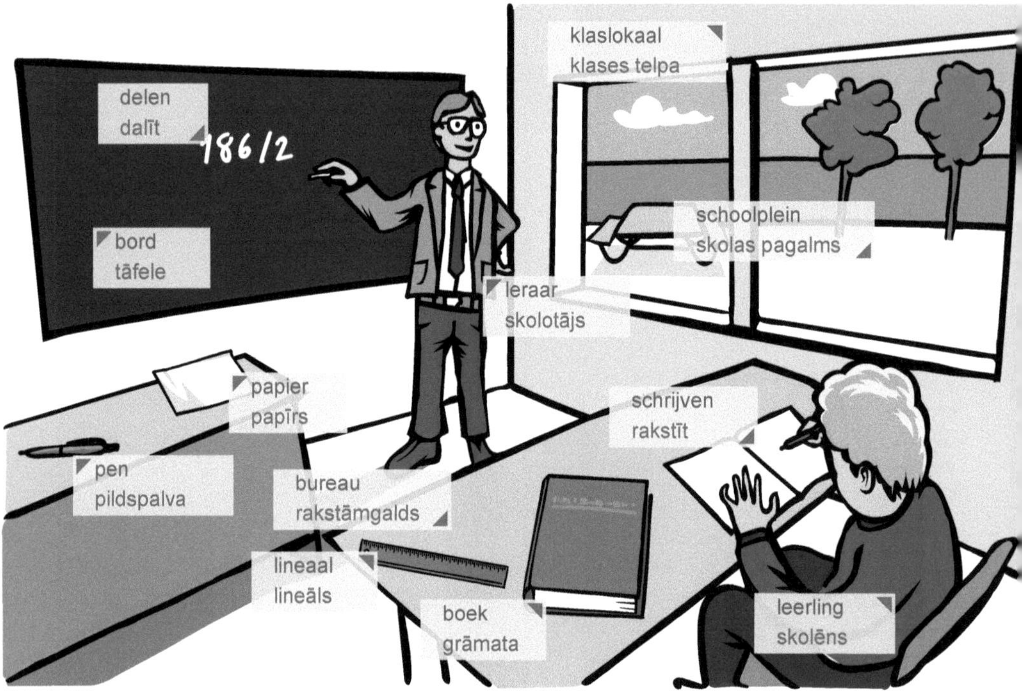

klaslokaal
klases telpa
delen
dalīt
186/2
bord
tāfele
schoolplein
skolas pagalms
leraar
skolotājs
papier
papīrs
schrijven
rakstīt
pen
pildspalva
bureau
rakstāmgalds
lineaal
lineāls
boek
grāmata
leerling
skolēns

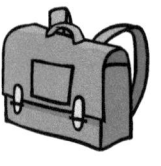

schooltas

skolas soma

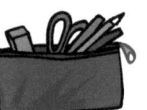

etui

penālis

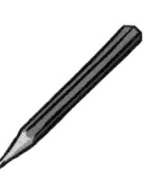

potlood

zīmulis

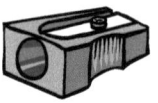

puntenslijper

zīmuļu asināmais

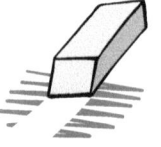

gum

dzēšgumija

schetsblok

zīmēšanas bloks

tekening

zīmējums

penseel

ota

verfdoos

krāsas

schaar

šķēres

lijm

līme

schrift

darba burtnīca

huiswerk

mājas darbs

getal

skaitlis

optellen

saskaitīt

aftrekken

atņemt

vermenigvuldigen

reizināt

rekenen

rēķināt

letter

burts

alfabet

alfabēts

woord

vārds

tekst

teksts

lezen

lasīt

krijt

krīts

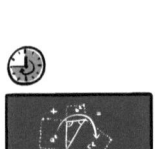

les

mācību stunda

klassenboek

žurnāls

examen

eksāmens

diploma

liecība

schooluniform

skolas forma

opleiding

izglītība

encyclopedie

enciklopēdija

universiteit

universitāte

microscoop

mikroskops

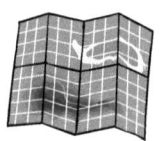

kaart

karte

prullenmand

papīrgrozs

reis
ceļojums

hotel
viesnīca
Grand
hostel
hostelis
ROOMS
EXCHANGE
wisselkantoor
valūtas maiņas punkts
koffer
čemodāns
auto
automašīna

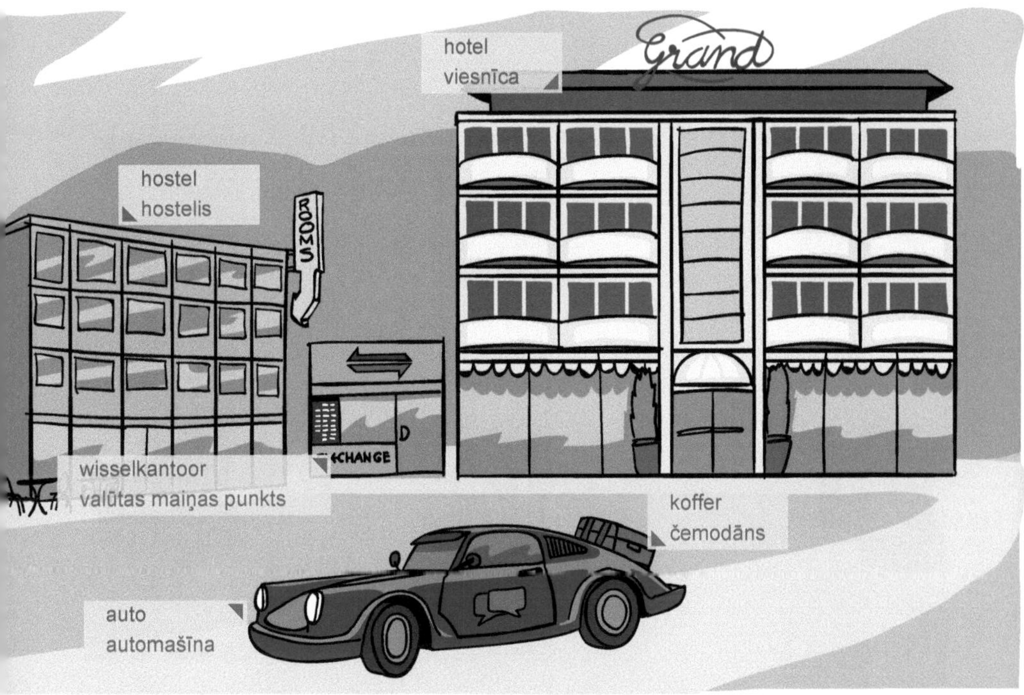

taal

Valoda

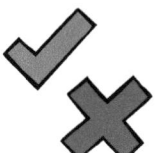

ja / nee

jā / nē

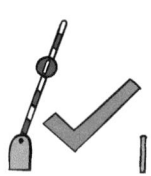

oké

Okay

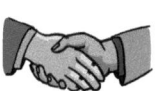

Hallo!

Sveiki!

tolk

tulks

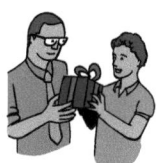

Bedankt.

paldies

Wat kost ...?

Cik maksā...?

Ik begrijp het niet.

Es nesaprotu

probleem

problēma

Goedenavond!

Labvakar!

Goedemorgen!

Labrīt!

Goedenacht!

Ar labu nakti!

Tot ziens!

Uz redzēšanos

richting

virziens

bagage

bagāža

tas

soma

rugzak

mugursoma

gast

viesis

kamer

istaba

slaapzak

guļammaiss

tent

telts

VVV-kantoor

tūrisma informācija

strand

pludmale

creditkaart

kredītkarte

ontbijt

brokastis

lunch

pusdienas

diner

vakariņas

kaartje

biļete

lift

lifts

postzegel

pastmarka

grens

robeža

douane

muita

ambassade

vēstniecība

visum

vīza

paspoort

pase

reis - ceļojums

transport
transports

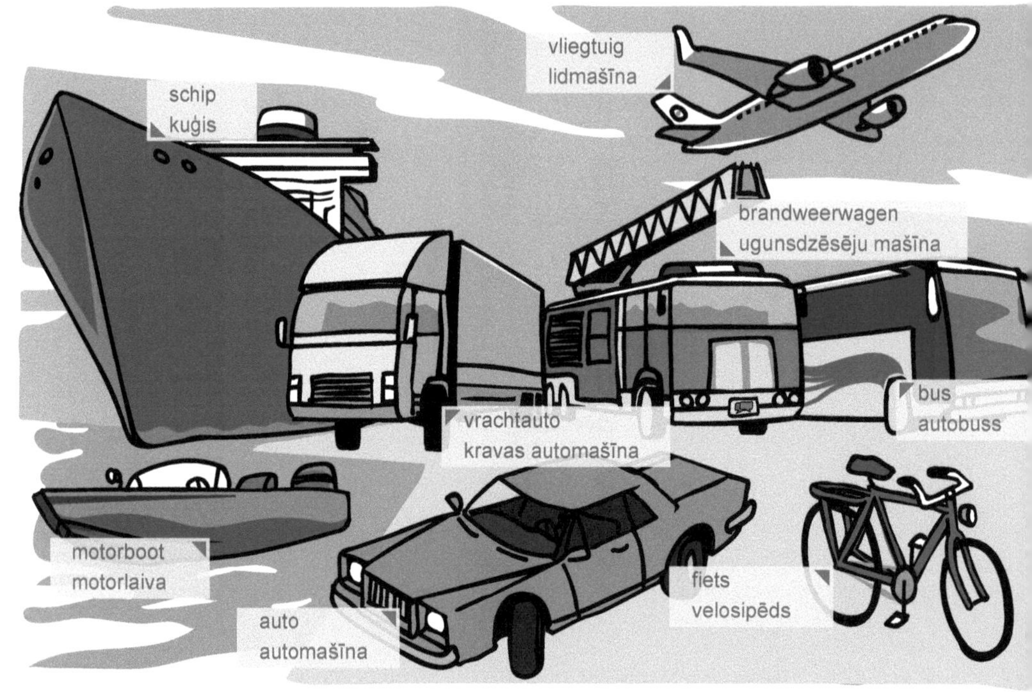
vliegtuig
lidmašīna
schip
kuģis
brandweerwagen
ugunsdzēsēju mašīna
bus
autobuss
vrachtauto
kravas automašīna
motorboot
motorlaiva
fiets
velosipēds
auto
automašīna

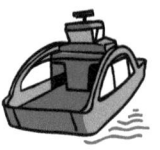

veerboot

prāmis

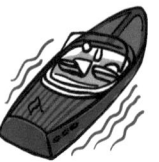

boot

laiva

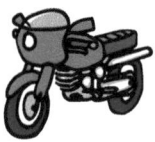

motorfiets

motocikls

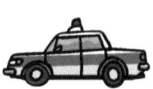

politiewagen

policijas automašīna

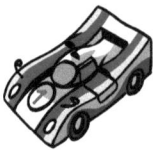

raceauto

sacīkšu automobilis

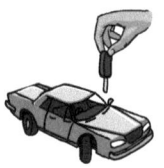

huurauto

nomas auto

carsharing

auto koplietošana

takelwagen

evakuators

vuilniswagen

atkritumu mašīna

motor

dzinējs

benzine

benzīns

benzinepomp

degvielas uzpildes stacija

verkeersbord

ceļa zīme

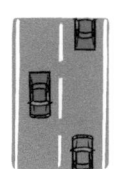

verkeer

satiksme

file

sastrēgums

parkeerplaats

stāvvieta

station

dzelzceļa stacija

rails

sliedes

trein

vilciens

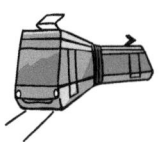

tram

tramvajs

wagon

vagons

helikopter
helikopters

luchthaven
lidosta

toren
tornis

passagier
pasažieris

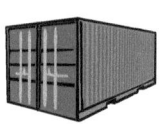

container
konteiners

verhuisdoos
kaste

kar
ratiņi

mand
grozs

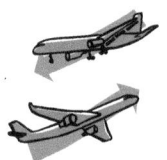

opstijgen / landen
pacelties / nosēsties

stad

pilsēta

dorp
ciems

stadscentrum
pilsētas centrs

huis
māja

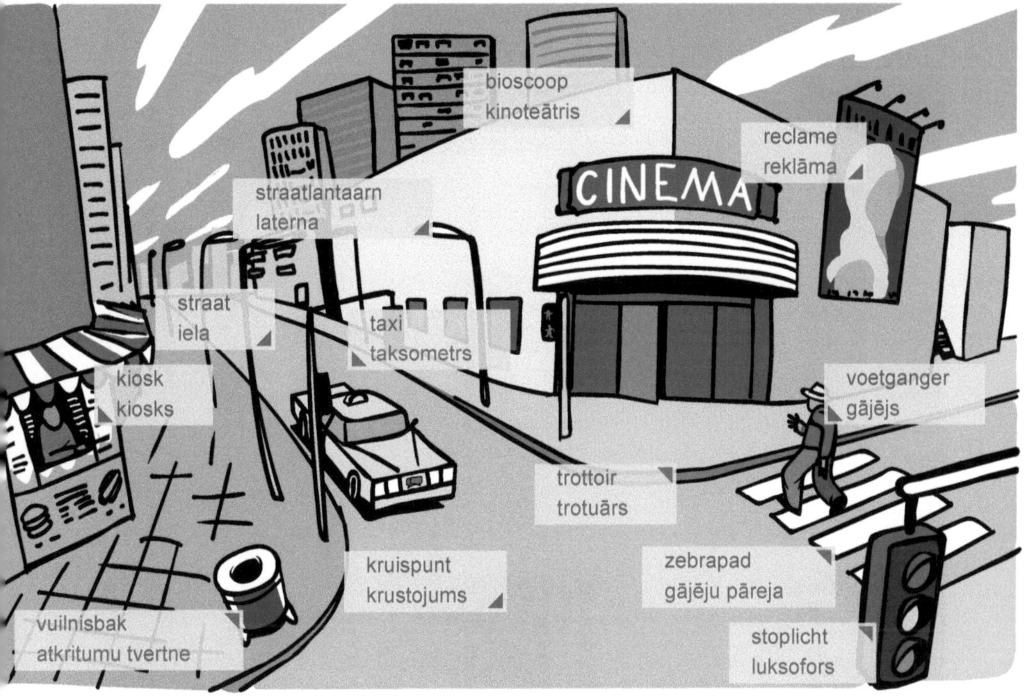

bioscoop
kinoteātris

reclame
reklāma

straatlantaarn
laterna

CINEMA

straat
iela

taxi
taksometrs

voetganger
gājējs

kiosk
kiosks

trottoir
trotuārs

kruispunt
krustojums

zebrapad
gājēju pāreja

vuilnisbak
atkritumu tvertne

stoplicht
luksofors

hut
būda

appartement
dzīvoklis

station
dzelzceļa stacija

stadhuis
rātsnams

museum
muzejs

school
skola

stad - pilsēta

11

universiteit	bank	ziekenhuis
universitāte	banka	slimnīca

hotel	apotheek	kantoor
viesnīca	aptieka	birojs

boekenwinkel	winkel	bloemenwinkel
grāmatnīca	veikals	ziedu veikals

supermarkt	markt	warenhuis
lielveikals	tirgus	tirdzniecības centrs

visboer	winkelcentrum	haven
zivju tirgotājs	tirdzniecības centrs	osta

park

parks

bank

sols

brug

tilts

trap

kāpnes

metro

metro

tunnel

tunelis

bushalte

autobusa pieturvieta

bar

bārs

restaurant

restorāns

brievenbus

pastkastīte

straatnaambord

ielas nosaukuma plāksne

parkeermeter

stāvlaika skaitītājs

dierentuin

zooloģiskais dārzs

zwembad

peldbaseins

moskee

mošeja

boerderij

zemnieku saimniecība

vervuiling

vides piesārņojums

begraafplaats

kapsēta

kerk

baznīca

speelplaats

spēļu laukums

tempel

templis

landschap
ainava

blad / lapa

wegwijzer / ceļrādis

weg / ceļš

weide / pļava

steen / akmens

boom / koks

wandelaar / ceļotājs

rivier / upe

gras / zāle

bloem / puķe

vallei

ieleja

berg

kalns

meer

ezers

bos

mežs

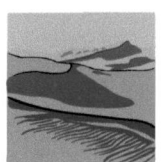

woestijn

tuksnesis

vulkaan

vulkāns

kasteel

pils

regenboog

varavīksne

paddenstoel

sēne

palmboom

palma

mug

moskīts

vlieg

muša

mier

skudra

bij

bite

spin

zirneklis

kever

vabole

kikker

varde

eekhoorn

vāvere

egel

ezis

haas

zaķis

uil

pūce

vogel

putns

zwaan

gulbis

wild zwijn

meža cūka

hert

briedis

eland

alnis

stuwdam

aizsprosts

windmolen

vēja ģenerators

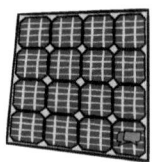

zonnepaneel

saules baterija

klimaat

klimats

restaurant
restorāns

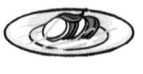

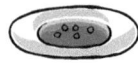

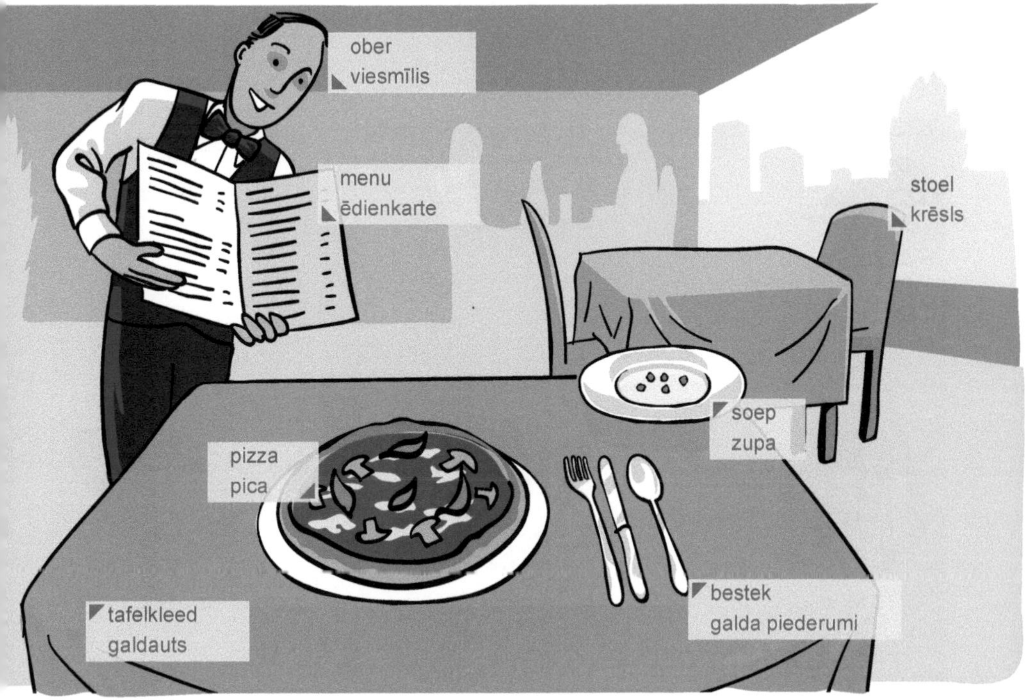

ober
viesmīlis
menu
ēdienkarte
stoel
krēsls
soep
zupa
pizza
pica
bestek
galda piederumi
tafelkleed
galdauts

voorgerecht

uzkoda

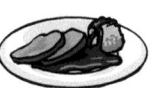

hoofdgerecht

pamatēdiens

toetje

deserts

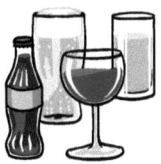

dranken

dzērieni

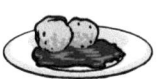

eten

ēdiens

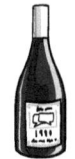

fles

pudele

fastfood

ātrās uzkodas

eetkraampje

ielu uzkodas

theepot

tējkanna

suikerpot

cukurtrauks

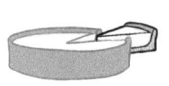

portie

porcija

espressomachine

espresso kafijas automāts

kinderstoel

bāra krēsls

rekening

rēķins

dienblad

paplāte

mes

nazis

vork

dakša

lepel

karote

theelepel

tējkarote

servet

salvete

glas

glāze

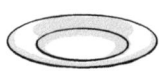

bord
....
šķīvis

soepbord
....
zupas šķīvis

schotel
....
apakštase

saus
....
mērce

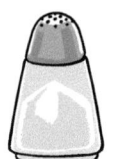

zoutvaatje
....
sāls trauciņš

pepermolen
....
piparu dzirnaviņas

azijn
....
etiķis

olie
....
eļļa

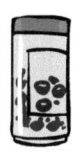 

kruiden
....
garšvielas

ketchup
....
kečups

mosterd
....
sinepes

mayonaise
....
majonēze

supermarkt
lielveikals

aanbieding
piedāvājums
FOR
klant
klients
zuivelproducten
piena produkti
fruit
augļi
winkelwagen
iepirkumu ratiņi

BUTCHERS

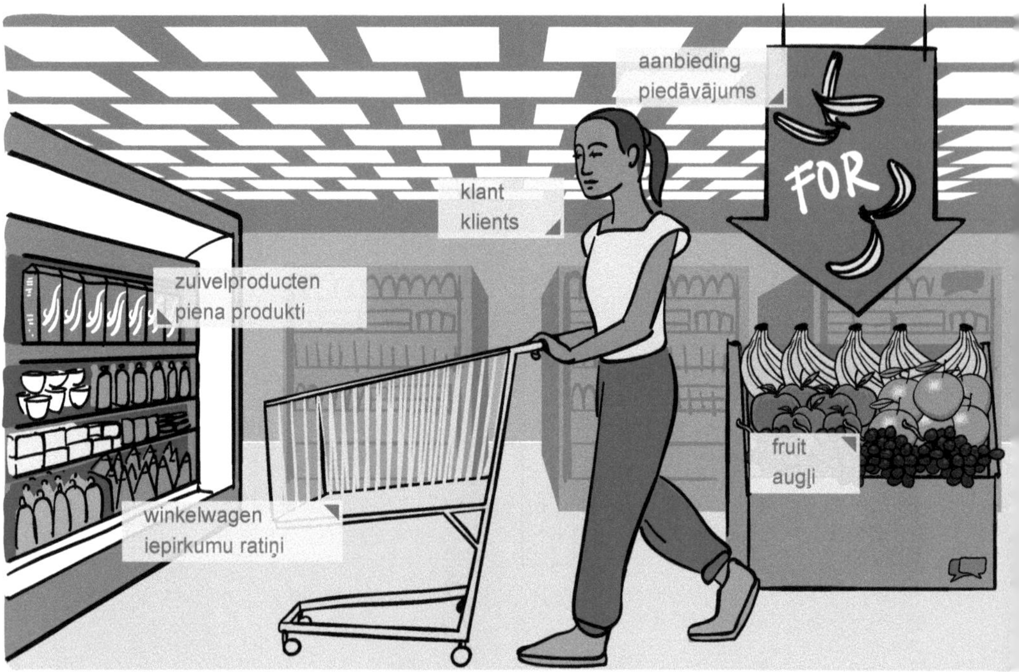

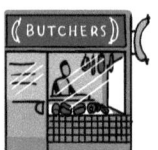

slager

kautuve

BAKERY

bakkerij

maizes veikals

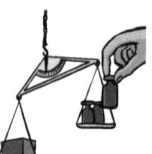

wegen

svērt

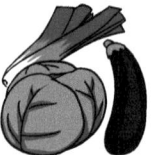

groente

dārzeņi

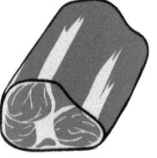

vlees

gaļa

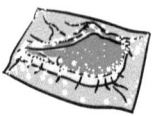

diepvriesproducten

saldēti produkti

vleeswaren

aukstās gaļas uzkodas

conserven

konservi

wasmiddel

pulveris

snoepgoed

saldumi

huishoudelijke artikelen

mājsaimniecības preces

schoonmaakmiddel

tīrīšanas līdzeklis

verkoopster

pārdevēja

kassa

kase

kassier

kasieris

boodschappenlijstje

iepirkumu saraksts

openingstijden

darba laiks

portefeuille

maks

creditkaart

kredītkarte

tas

soma

plastic zak

maisiņš

water

ūdens

sap

sula

melk

piens

cola

kola

wijn

vīns

bier

alus

alcohol

alkohols

chocolademelk

kakao

thee

tēja

koffie

kafija

espresso

espresso

cappuccino

kapučīno

banaan

banāns

appel

ābols

sinaasappel

apelsīns

watermeloen

melone

citroen

citrons

wortel

burkāns

knoflook

ķiploks

bamboe

bambuss

ui

sīpols

paddenstoel

sēne

noten

rieksti

pasta

makaroni

spaghetti

spageti

rijst

rīsi

salade

salāti

friet

frī kartupeļi

gebakken aardappelen

cepti kartupeļi

pizza

pica

hamburger

hamburgers

sandwich

sviestmaize

schnitzel

šnicele

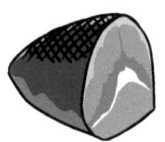

ham

šķiņķis

salami

salami

worst

desa

kip

vista

gebraad

cepetis

vis

zivs

havermout

auzu pārslas

muesli

muslis

cornflakes

brokastu pārslas

meel

milti

croissant

radziņš

broodjes

brokastu maizītes

brood

maize

toast

tostermaize

koekjes

cepumi

boter

sviests

kwark

biezpiens

taart

kūka

ei

ola

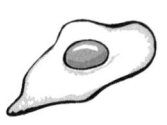

gebakken ei

cepta ola

kaas

siers

ijs
saldējums

suiker
cukurs

honing
medus

jam
marmelāde

chocoladepasta
riekstu krēms

kerrie
karijs

boerderij
zemnieku saimniecība

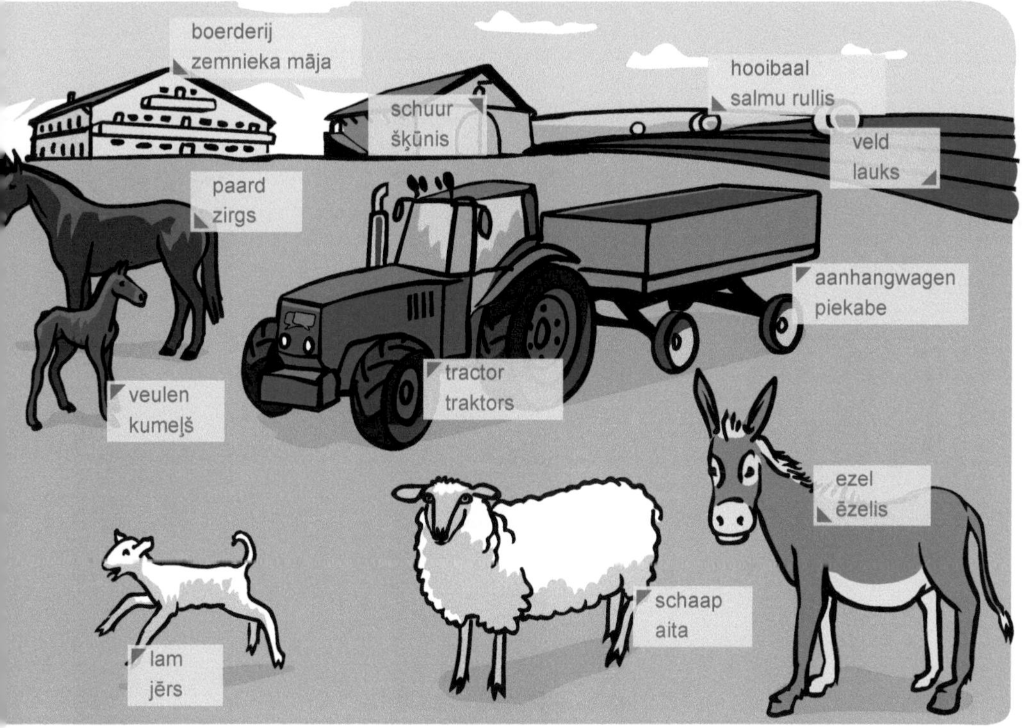
boerderij
zemnieka māja
schuur
šķūnis
hooibaal
salmu rullis
veld
lauks
paard
zirgs
aanhangwagen
piekabe
tractor
traktors
veulen
kumeļš
ezel
ēzelis
schaap
aita
lam
jērs

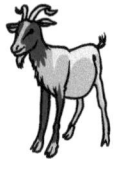

geit
kaza

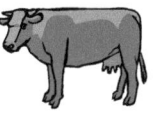

koe
govs

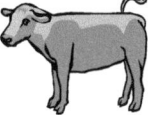

kalf
teļš

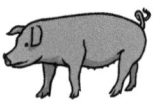

varken
cūka

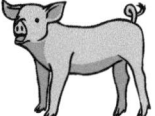

big
sivēns

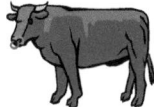

stier
bullis

gans
zoss

eend
pīle

kuiken
cālis

kip
vista

haan
gailis

rat
žurka

kat
kaķis

muis
pele

os
vērsis

hond
suns

hondenhok
suņa būda

tuinslang
dārza šļūtene

gieter
lejkanna

zeis
izkapts

ploeg
arkls

sikkel

sirpis

schoffel

kaplis

hooivork

mēslu dakša

bijl

cirvis

kruiwagen

ķerra

trog

sile

melkbus

piena kanna

zak

maiss

hek

žogs

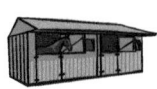

stal

kūts

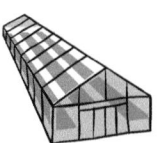

broeikas

siltumnīca

grond

augsne

zaad

sēklas

mest

mēslojums

maaidorser

kombains

oogsten
novākt ražu

oogst
raža

yam
jamss

tarwe
kvieši

soja
soja

aardappel
kartupelis

maïs
kukurūza

koolzaad
rapsis

fruitboom
augļu koks

maniok
manioka

granen
labība

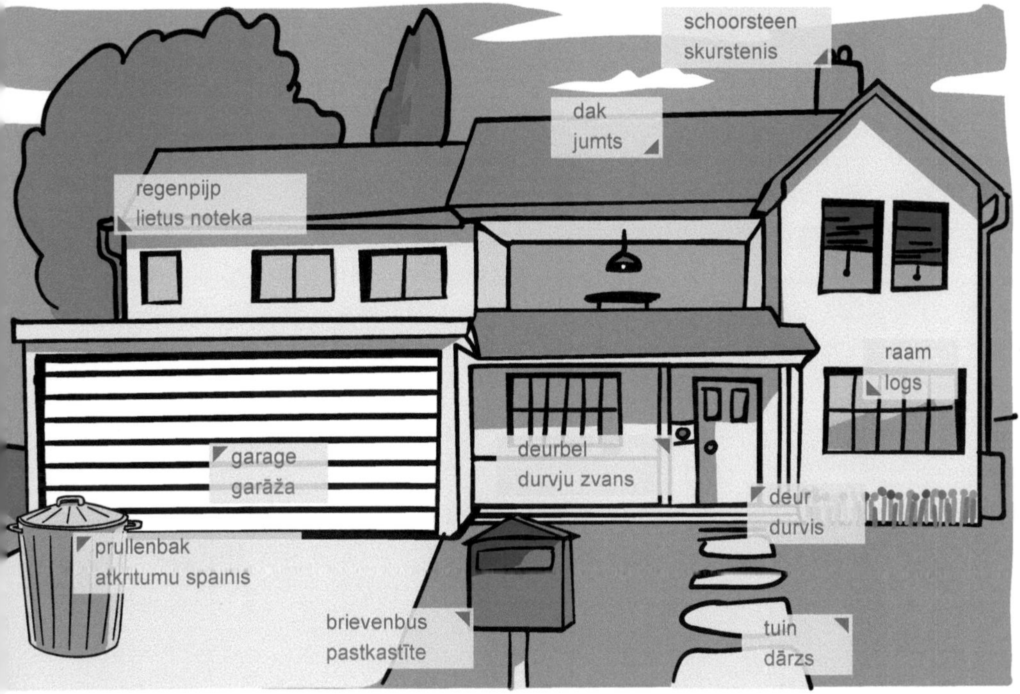

schoorsteen
skurstenis

dak
jumts

regenpijp
lietus noteka

raam
logs

garage
garāža

deurbel
durvju zvans

deur
durvis

prullenbak
atkritumu spainis

brievenbus
pastkastīte

tuin
dārzs

woonkamer

viesistaba

badkamer

vannas istaba

keuken

virtuve

slaapkamer

guļamistaba

kinderkamer

bērnu istaba

eetkamer

ēdamistaba

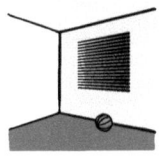

vloer

grīda

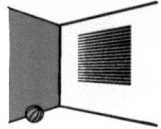

muur

siena

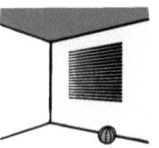

plafond

griesti

kelder

pagrabs

sauna

sauna

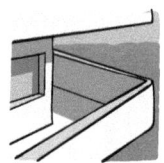

balkon

balkons

terras

terase

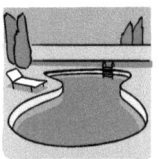

zwembad

baseins

grasmaaier

zāles pļāvējs

laken

gultas veļa

bedsprei

sega

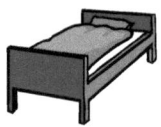

bed

gulta

bezem

slota

emmer

spainis

schakelaar

slēdzis

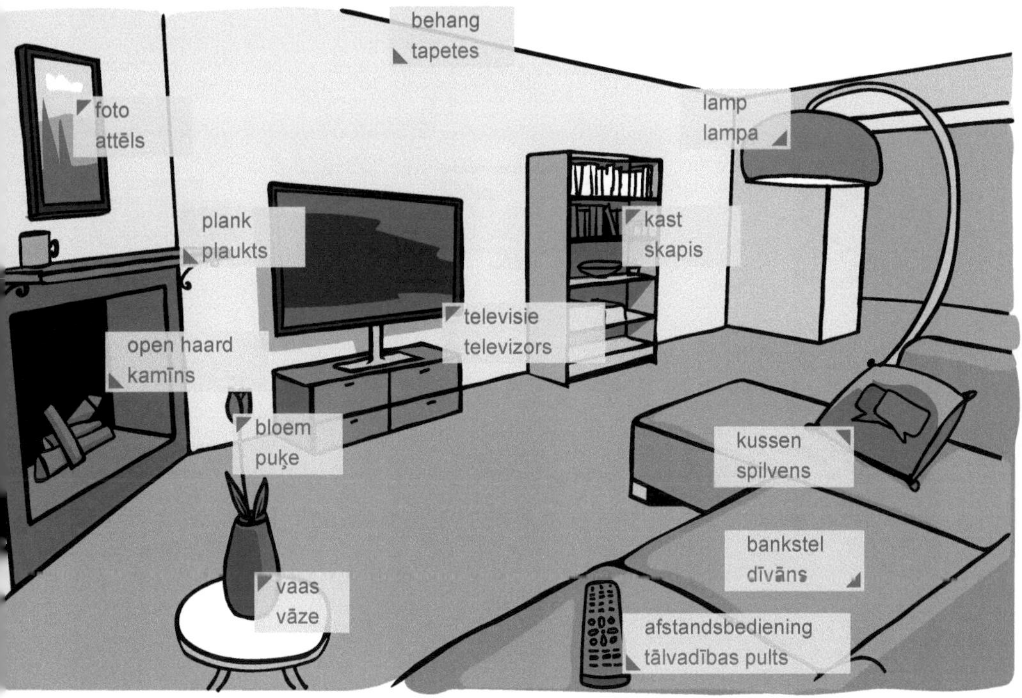

behang
tapetes

foto
attēls

lamp
lampa

plank
plaukts

kast
skapis

open haard
kamīns

televisie
televizors

bloem
puķe

kussen
spilvens

bankstel
dīvāns

vaas
vāze

afstandsbediening
tālvadības pults

tapijt
paklājs

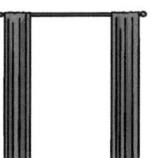

gordijn
aizkars

tafel
galds

stoel
krēsls

schommelstoel
šūpuļkrēsls

stoel
atpūtas krēsls

boek
grāmata

deken
sega

decoratie
dekorācija

brandhout
malka

film
filma

stereo-installatie
mūzikas centrs

sleutel
atslēga

krant
avīze

schilderij
glezna

poster
plakāts

radio
radio

kladblok
pierakstu blociņš

stofzuiger
putekļu sūcējs

cactus
kaktuss

kaars
svece

keuken
virtuve

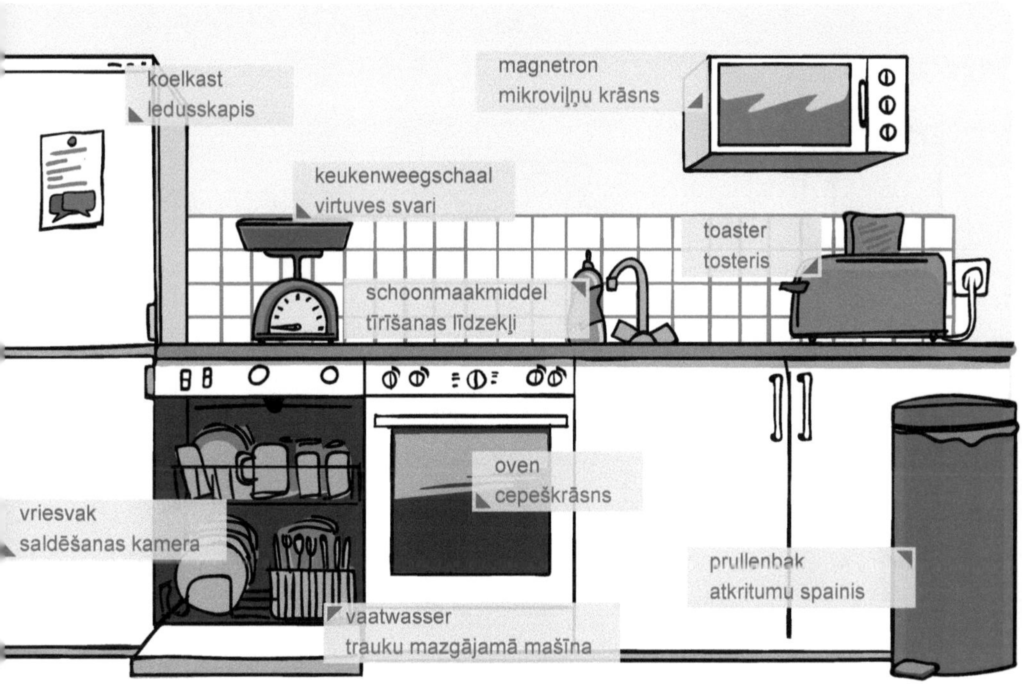
koelkast
ledusskapis
magnetron
mikroviļņu krāsns
keukenweegschaal
virtuves svari
toaster
tosteris
schoonmaakmiddel
tīrīšanas līdzekļi
oven
cepeškrāsns
vriesvak
saldēšanas kamera
prullenbak
atkritumu spainis
vaatwasser
trauku mazgājamā mašīna

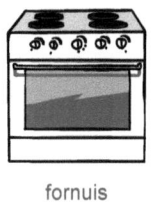

fornuis
plīts

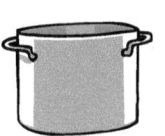

pan
pods

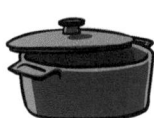

gietijzeren pan
katls

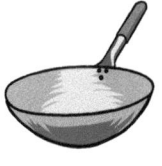

wok / kadai
Wok panna

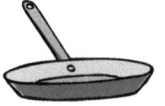

koekenpan
panna

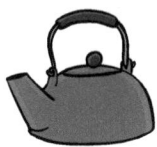

ketel
elektriskā tējkanna

stoomkoker

tvaika katls

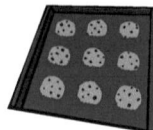

bakplaat

cepešpanna

servies

trauki

beker

krūze

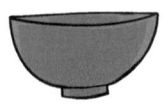

kom

bļoda

eetstokjes

irbulīši

soeplepel

kauss

spatel

lāpstiņa

garde

putošanas slotiņa

vergiet

sietiņš

zeef

siets

rasp

rīve

vijzel

piesta

barbecue

grilēt

vuurhaard

atklāts pavards

snijplank

dēlis

deegroller

mīklas rullis

kurkentrekker

korķu viļķis

blik

bundža

blikopener

konservu nazis

pannenlap

virtuves cimdi

wasbak

izlietne

borstel

birste

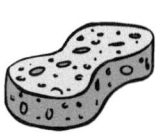

spons

sūklis

blender

mikseris

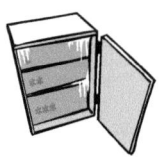

vriezer

saldētava

babyflesje

bērna pudelīte

kraan

ūdenskrāns

badkamer
vannas istaba

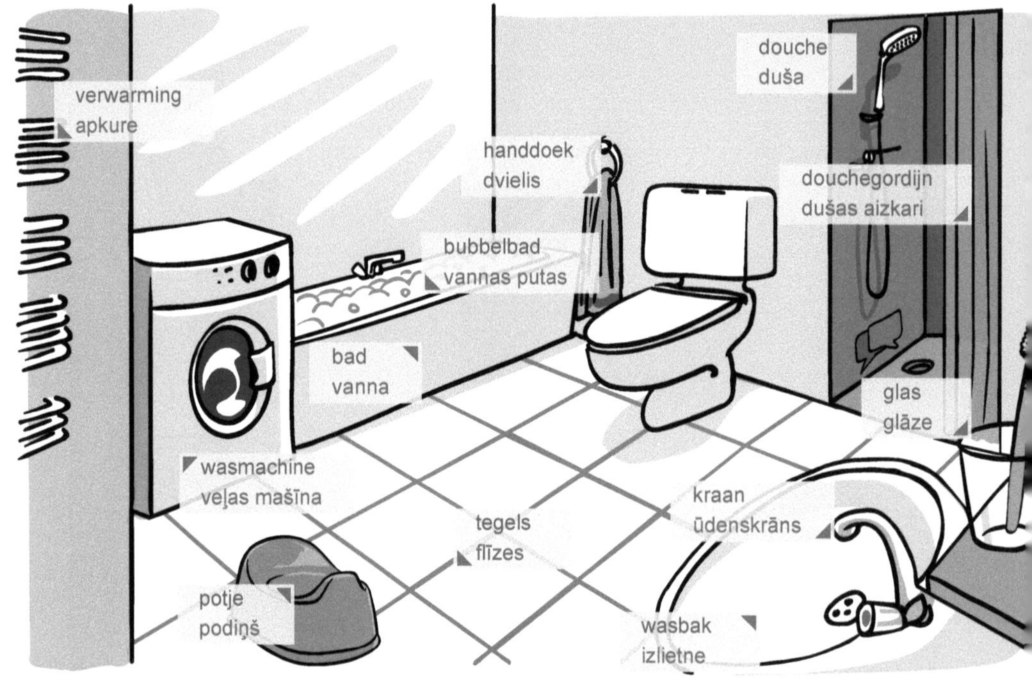

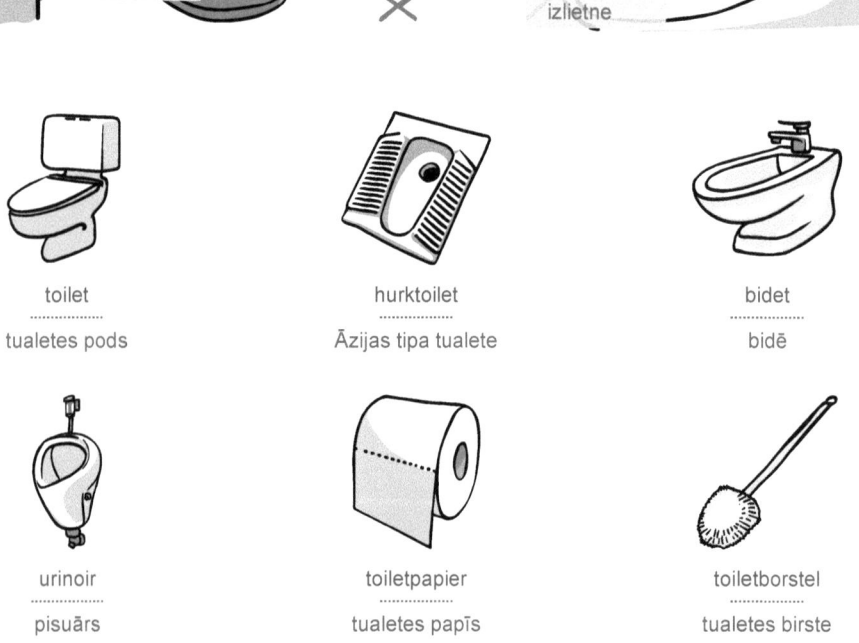

verwarming
apkure
douche
duša
handdoek
dvielis
douchegordijn
dušas aizkari
bubbelbad
vannas putas
bad
vanna
glas
glāze
wasmachine
veļas mašīna
kraan
ūdenskrāns
tegels
flīzes
potje
podiņš
wasbak
izlietne

toilet

tualetes pods

hurktoilet

Āzijas tipa tualete

bidet

bidē

urinoir

pisuārs

toiletpapier

tualetes papīs

toiletborstel

tualetes birste

tandenborstel

zobu birste

tandpasta

zobu pasta

flosdraad

zobu diegs

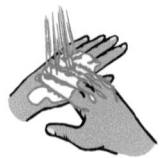

wassen

mazgāt

handdouche

rokas duša

toiletdouche

duša

waskom

bļoda

rugborstel

muguras mazgāšanas birste

zeep

ziepes

douchegel

dušas želeja

shampoo

šampūns

washanje

mazgāšanas drāna

afvoer

noteka

creme

krēms

deodorant

dezodorants

spiegel

spogulis

make-upspiegel

spogulītis

scheermes

skuveklis

scheerschuim

skūšanās putas

aftershave

losjons pēc skūšanās

kam

ķemme

borstel

matu suka

haardroger

matu fēns

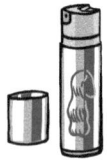

haarspray

matu laka

make-up

grima komplekts

lippenstift

lūpu krāsa

nagellak

nagulaka

watten

vate

nagelschaartje

šķērītes

parfum

smaržas

toilettas

kosmētikas maks

kruk

ķeblītis

weegschaal

svari

badjas

halāts

rubber handschoenen

tīrīšanas cimdi

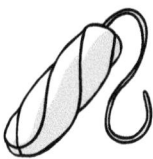

tampon

tampons

maandverband

pakete

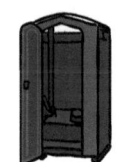

chemisch toilet

ķīmiskā tualete

kinderkamer
bērnu istaba

wekker
modinātājs
knuffeldier
mīkstā rotaļlieta
speelgoedauto
spēļu automašīna
rammelaar
grabulis
poppenhuis
leļļu māja
cadeau
dāvana

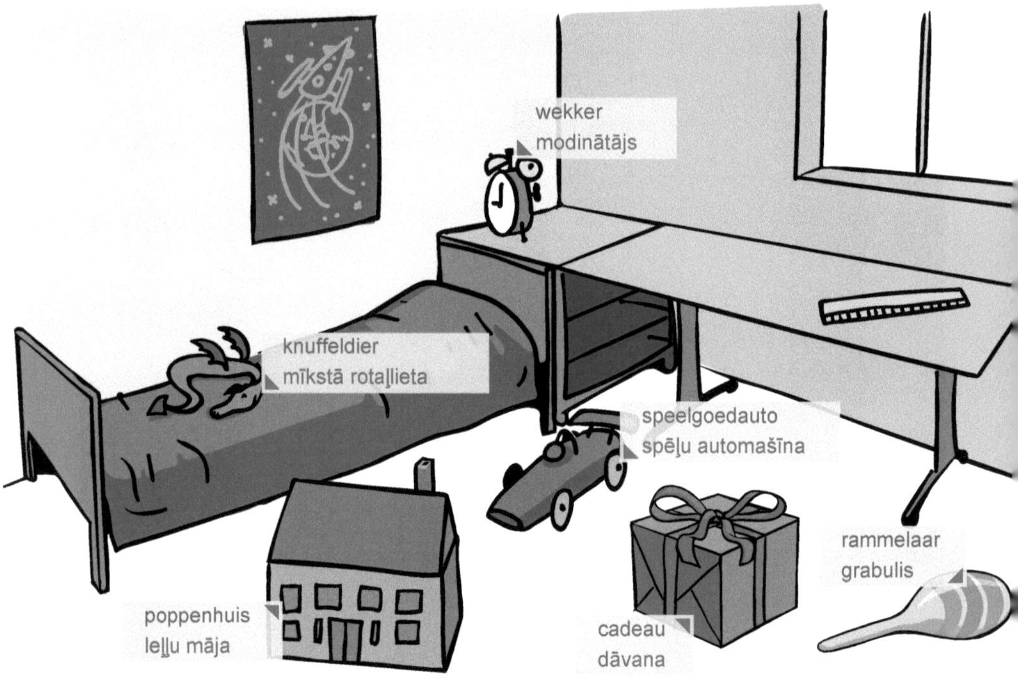

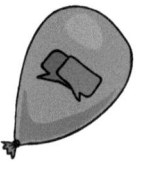

ballon
balons

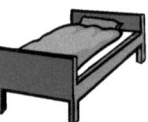

bed
gulta

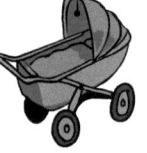

kinderwagen
bērnu ratiņi

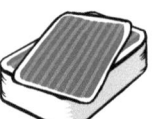

kaartspel
kārtis

puzzel
puzle

SUPER
MEGA

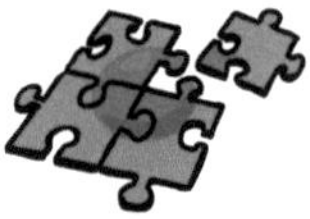

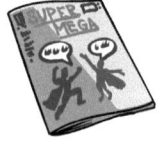

stripverhaal
komikss

legostenen

LEGO klucīši

speelgoedblokken

klucīši

actiefiguurtje

varoņu figūra

romper

rāpulītis

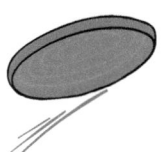

frisbee

lidojošais šķīvītis

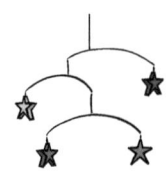

mobile

muzikālais karuselis

bordspel

galda spēle

dobbelsteen

metamais kauliņš

modeltrein

rotaļu dzelzceļš

speen

māneklis

feestje

ballīte

prentenboek

bilžu grāmata

bal

bumba

pop

lelle

spelen

spēlēt

zandbak

smilšu kaste

schommel

šūpoles

speelgoed

rotaļlietas

spelcomputer

spēļu konsole

driewieler

trīsritenis

teddybeer

plīša lācītis

kleerkast

drēbju skapis

kleding

apģērbs

sokken

īszeķes

kousen

zeķes

panty

zeķbikses

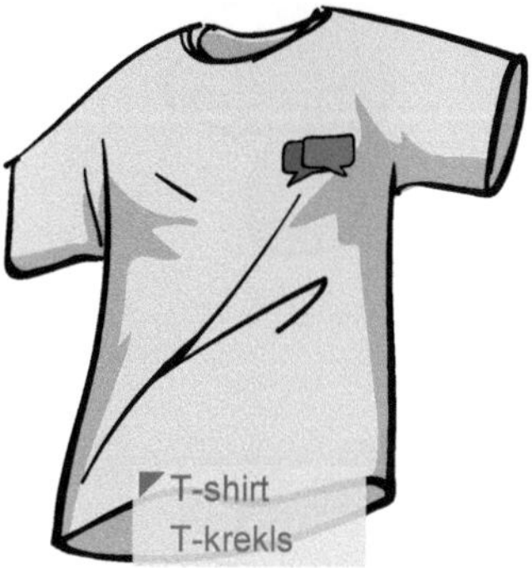

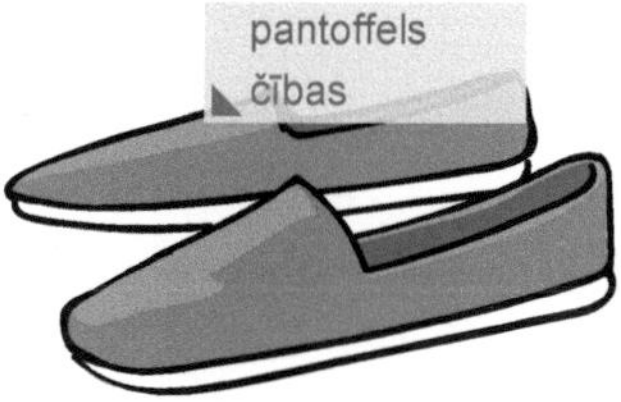

sjaal
šalle

riem
siksna

paraplu
lietussargs

T-shirt
T-krekls

sportschoenen
botas

laarzen
zābaks

pantoffels
čības

sandalen
sandales

schoenen
kurpes

rubberlaarzen
gumijas zābaki

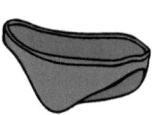

onderbroek
apakšbikses

beha
krūšturis

onderhemd
apakškrekls

kleding - apģērbs

45

body
·················
bodijs

broek
·················
bikses

spijkerbroek
·················
džinsi

rok
·················
svārki

blouse
·················
blūze

overhemd
·················
krekls

trui
·················
pulovers

hoody
·················
džemperis

blazer
·················
žakete

jas
·················
jaka

mantel
·················
mētelis

regenjas
·················
lietus mētelis

kostuum
·················
kostīms

jurk
·················
kleita

trouwjurk
·················
kāzu kleita

pak

uzvalks

nachthemd

naktskrekls

pyjama

pidžama

sari

sari

hoofddoek

lakats

tulband

turbāns

boerka

burka

kaftan

kaftāns

abaja

abaja

zwempak

peldkostīms

zwembroek

peldbikses

korte broek

šorti

trainingspak

treniņtērps

schort

priekšauts

handschoenen

cimdi

knoop

poga

bril

brilles

armband

rokassprādze

ketting

kaklarota

ring

gredzens

oorbel

auskars

pet

cepure

kledinghanger

drēbju pakaramais

hoed

platmale

stropdas

kaklasaite

rits

rāvējslēdzējs

helm

ķivere

bretels

bikšturi

schooluniform

skolas forma

uniform

uniforma

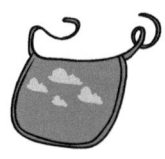

slabbetje

priekšautiņš

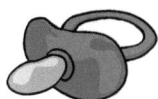

speen

māneklis

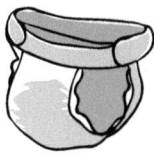

luier

autiņbiksītes

kantoor

birojs

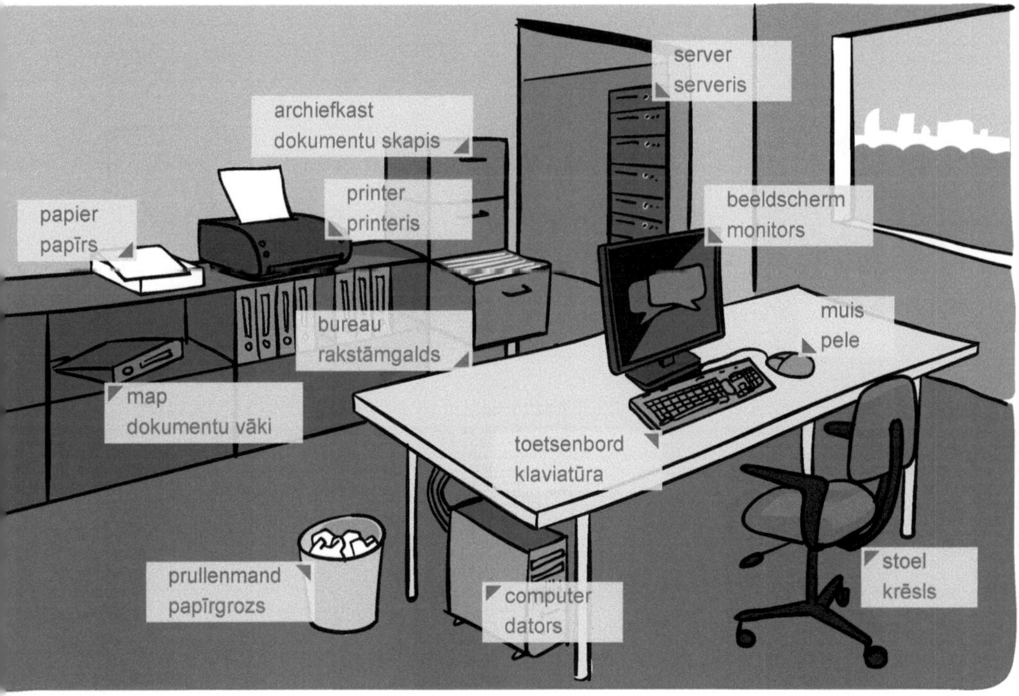

server
serveris
archiefkast
dokumentu skapis
printer
printeris
papier
papīrs
beeldscherm
monitors
muis
pele
bureau
rakstāmgalds
map
dokumentu vāki
toetsenbord
klaviatūra
prullenmand
papīrgrozs
computer
dators
stoel
krēsls

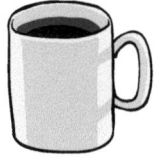

koffiemok

kafijas krūze

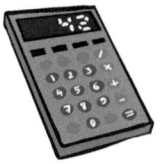

rekenmachine

kalkulators

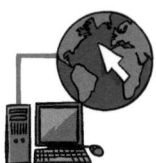

internet

internets

laptop

portatīvais dators

brief

vēstule

bericht

ziņa

mobiele telefoon

mobilais tālrunis

netwerk

tīkls

kopieermachine

kopētājs

software

programmatūra

telefoon

telefons

stopcontact

rozete

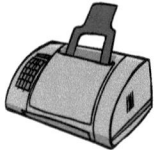

fax

faksa aparāts

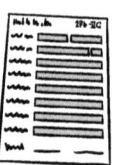

formulier

formulārs

document

dokuments

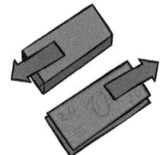

kopen
....
pirkt

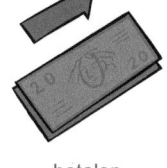

betalen
....
samaksāt

handel drijven
....
tirgot

geld
....
nauda

dollar
....
dolārs

euro
....
eiro

yen
....
jēna

roebel
....
rublis

Zwitserse frank
....
franks

renminbi yuan
....
juaņa renminbi

roepie
....
rūpija

geldautomaat
....
bankomāts

wisselkantoor

valūtas maiņas punkts

goud

zelts

zilver

sudrabs

olie

nafta

energie

enerģija

prijs

cena

contract

līgums

belasting

nodoklis

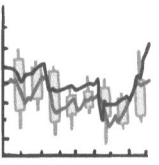

aandeel

akcija

werken

strādāt

werknemer

darbinieks

werkgever

darba devējs

fabriek

fabrika

winkel

veikals

economie - ekonomika

beroepen
profesijas

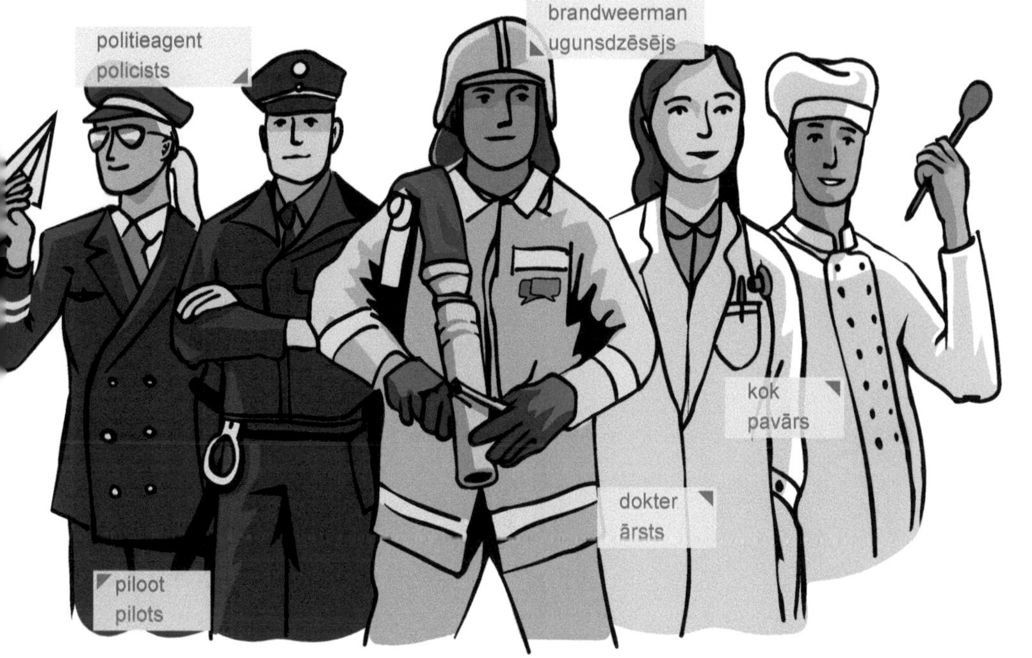
politieagent
policists
brandweerman
ugunsdzēsējs
kok
pavārs
dokter
ārsts
piloot
pilots

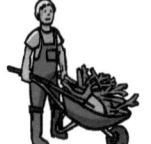

tuinman

dārznieks

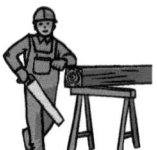

timmerman

galdnieks

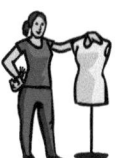

naaister

šuvēja

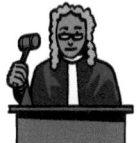

rechter

tiesnesis

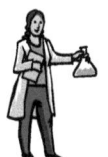

scheikundige

ķīmiķis

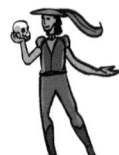

toneelspeler

aktieris

buschauffeur

autobusa vadītājs

taxichauffeur

taksometra vadītājs

visser

zvejnieks

schoonmaakster

apkopēja

dakdekker

jumiķis

ober

viesmīlis

jager

mednieks

schilder

gleznotājs

bakker

maiznieks

elektricien

elektriķis

bouwvakker

celtnieks

ingenieur

inženieris

slager

miesnieks

loodgieter

skārdnieks

postbode

pastnieks

soldaat
karavīrs

architect
arhitekts

kassier
kasieris

bloemist
florists

kapper
frizieris

conducteur
konduktors

monteur
mehāniķis

kapitein
kapteinis

tandarts
zobārsts

wetenschapper
zinātnieks

rabbi
rabīns

imam
imāms

monnik
mūks

pastoor
mācītājs

gereedschap
instrumenti

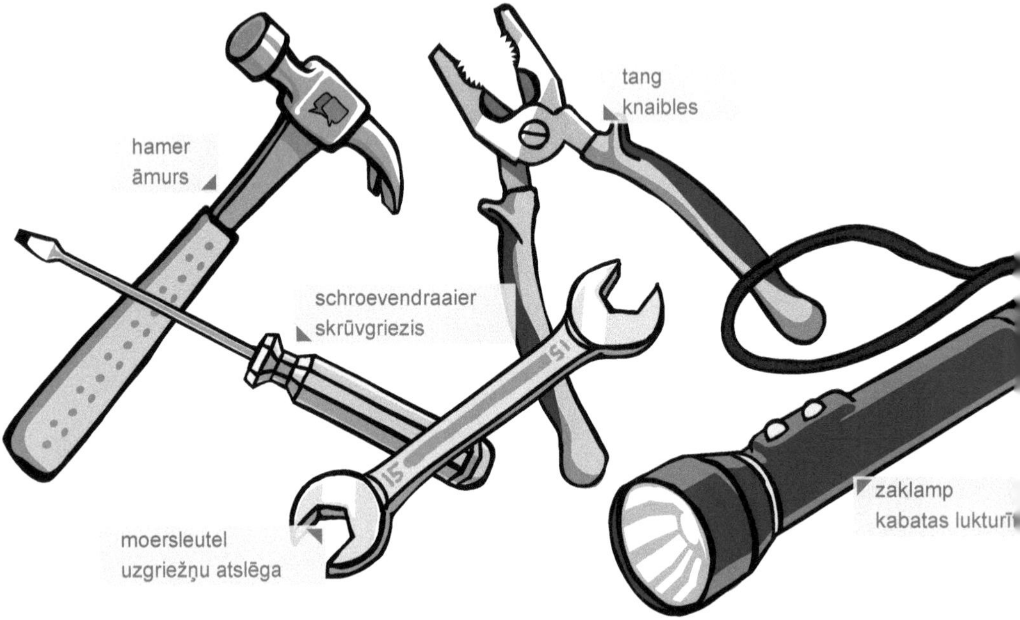

tang
knaibles
hamer
āmurs
schroevendraaier
skrūvgriezis
zaklamp
kabatas lukturī
moersleutel
uzgriežņu atslēga

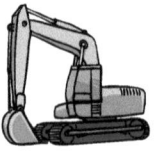

graafmachine

ekskavators

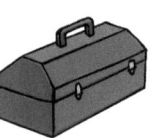

gereedschapskist

instrumentu kaste

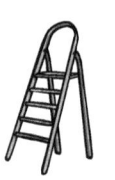

ladder

kāpnes

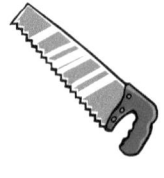

zaag

zāģis

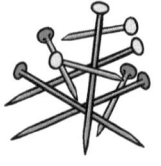

spijkers

naglas

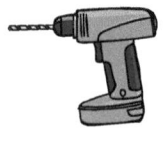

boor

urbis

repareren
remontēt

schep
lāpsta

Verdorie!
Velns!

stofblik
liekšķere

verfpot
krāsas bundža

schroeven
skrūves

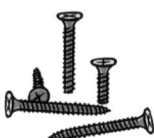

muziekinstrumenten
mūzikas instrumenti

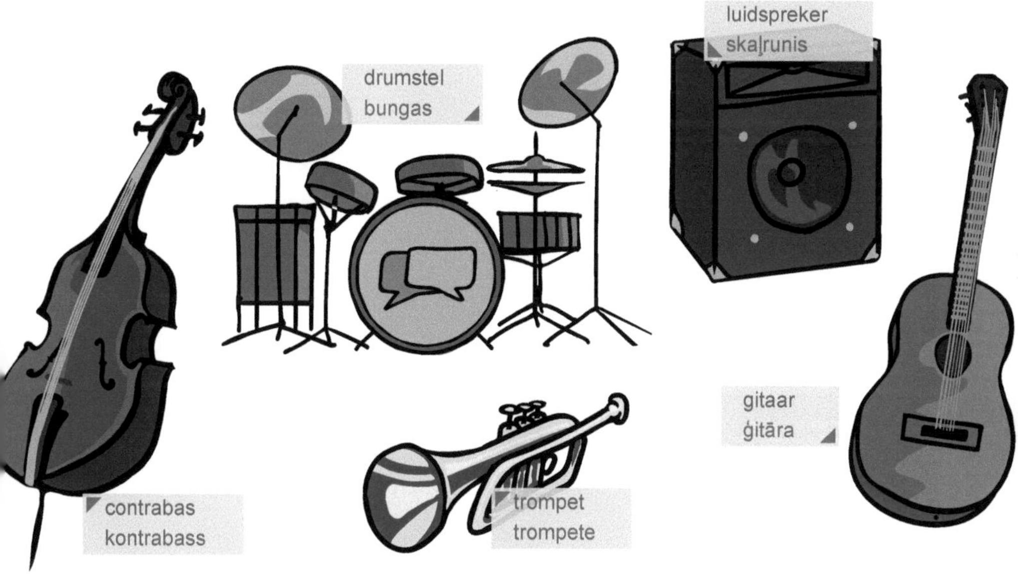

luidspreker
skaļrunis

drumstel
bungas

contrabas
kontrabass

gitaar
ģitāra

trompet
trompete

piano
klavieres

viool
vijole

bas
bass

pauk
timpāni

trommel
bungas

keyboard
digitālās klavieres

saxofoon
saksofons

fluit
flauta

microfoon
mikrofons

dierentuin
zooloģiskais dārzs

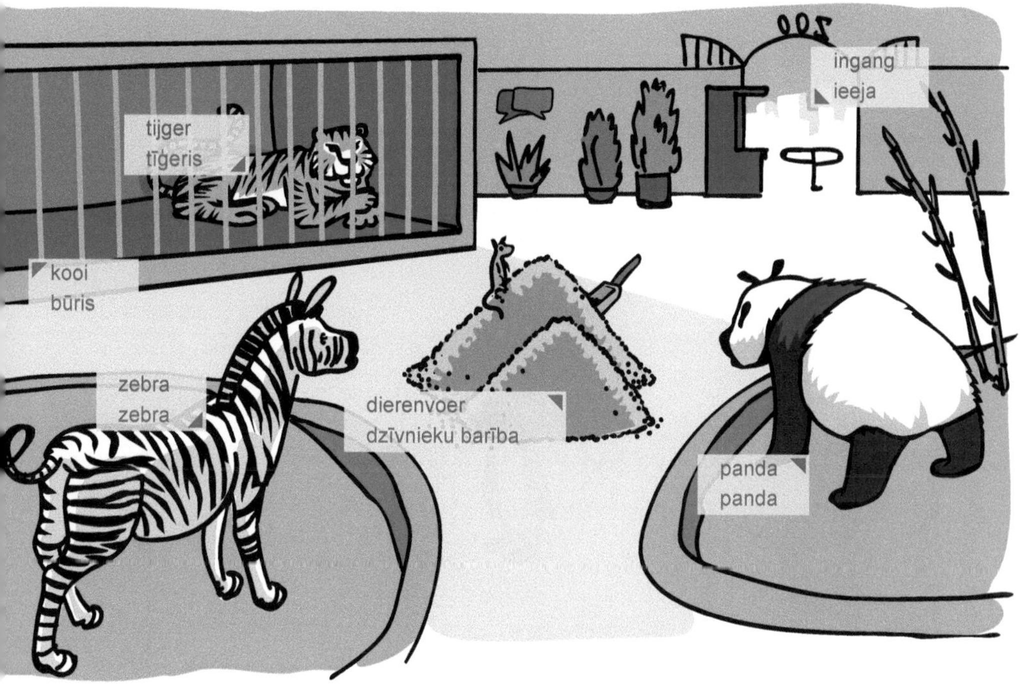
ingang
ieeja
tijger
tīģeris
kooi
būris
zebra
zebra
dierenvoer
dzīvnieku barība
panda
panda

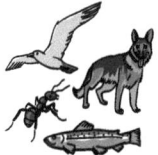

dieren
dzīvnieki

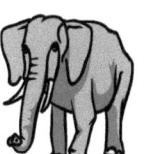

olifant
zilonis

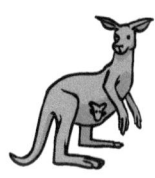

kangoeroe
ķengurs

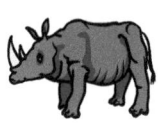

neushoorn
degunradzis

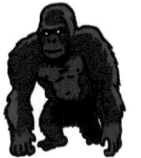

gorilla
gorilla

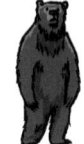

beer
lācis

kameel
kamielis

struisvogel
strauss

leeuw
lauva

aap
pērtiķis

flamingo
flamings

papegaai
papagailis

ijsbeer
polārlācis

pinguïn
pingvīns

haai
haizivs

pauw
pāvs

slang
čūska

krokodil
krokodils

dierenverzorger
zoodārza sargs

zeehond
ronis

jaguar
jaguārs

pony
ponijs

luipaard
leopards

nijlpaard
nīlzirgs

giraffe
žirafe

adelaar
ērglis

wild zwijn
meža cūka

vis
zivs

schildpad
bruņurupucis

walrus
valzirgs

vos
lapsa

gazelle
gazele

American football
amerikāņu futbols

wielrennen
riteņbraukšana

tennis
teniss

basketbal
basketbols

zwemmen
peldēšana

boksen
bokss

ijshockey
hokejs

voetbal
futbols

badminton
badmintons

atletiek
vieglatlētika

handbal
rokas bumba

skiën
slēpošana

polo
polo

springen
lēkt

knuffelen
apskaut

lachen
smieties

lopen
iet

zingen
dziedāt

dromen
sapņot

bidden
lūgt

kussen
skūpstīt

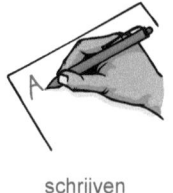

schrijven
rakstīt

tekenen
zīmēt

tonen
rādīt

duwen
spiest

geven
dot

oppakken
ņemt

hebben
būt

doen
darīt

zijn
būt

staan
stāvēt

rennen
skriet

trekken
vilkt

gooien
mest

vallen
krist

liggen
gulēt

wachten
gaidīt

dragen
nest

zitten
sēdēt

aankleden
uzġērbt

slapen
gulēt

wakker worden
pamosties

bekijken

skatīties

huilen

raudāt

strelen

glāstīt

kammen

ķemmēt

praten

runāt

begrijpen

saprast

vragen

jautāt

horen

dzirdēt

drinken

dzert

eten

ēst

opruimen

sakārtot

houden van

mīlēt

koken

vārīt

rijden

braukt

vliegen

lidot

zeilen

burot

rekenen

rēķināt

lezen

lasīt

leren

mācīties

werken

strādāt

trouwen

precēties

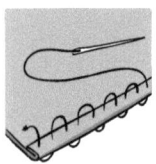

naaien

šūt

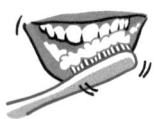

tandenpoetsen

tīrīt zobus

doden

nogalināt

roken

smēķēt

verzenden

sūtīt

familie
ģimene

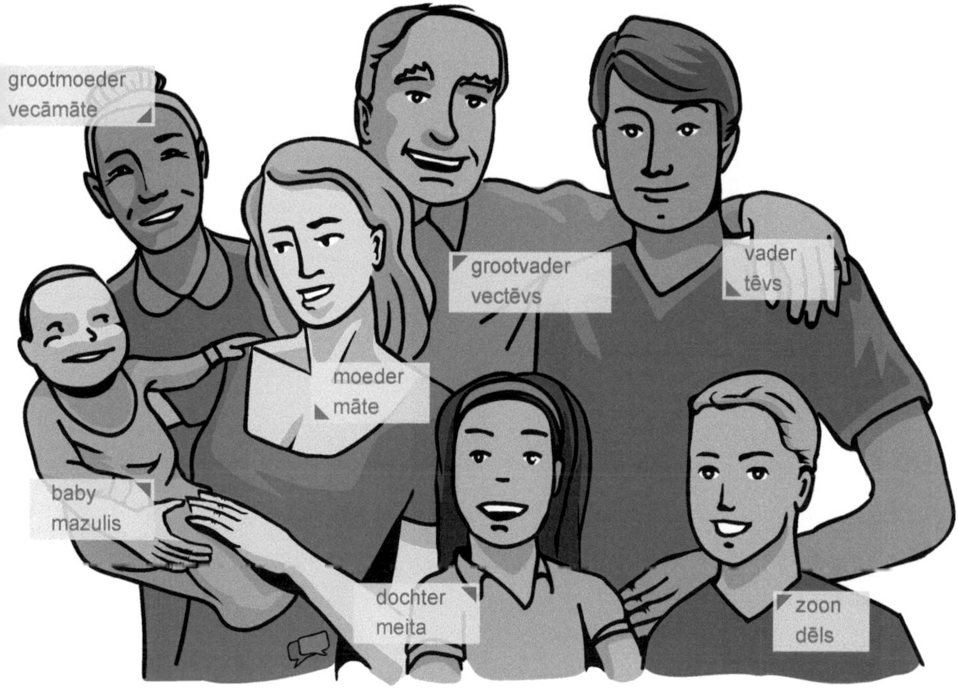
grootmoeder
vecāmāte
grootvader
vectēvs
vader
tēvs
moeder
māte
baby
mazulis
dochter
meita
zoon
dēls

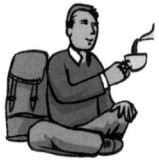

gast

viesis

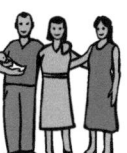

tante

tante

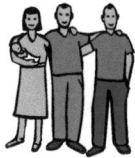

oom

onkulis

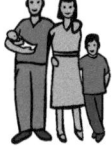

broer

brālis

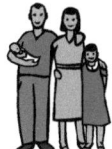

zus

māsa

lichaam
ķermenis

voorhoofd
piere
oog
acs
schouder
plecs
vinger
pirksts
gezicht
seja
kin
zods
hand
roka
been
kāja
borst
krūtis
arm
roka

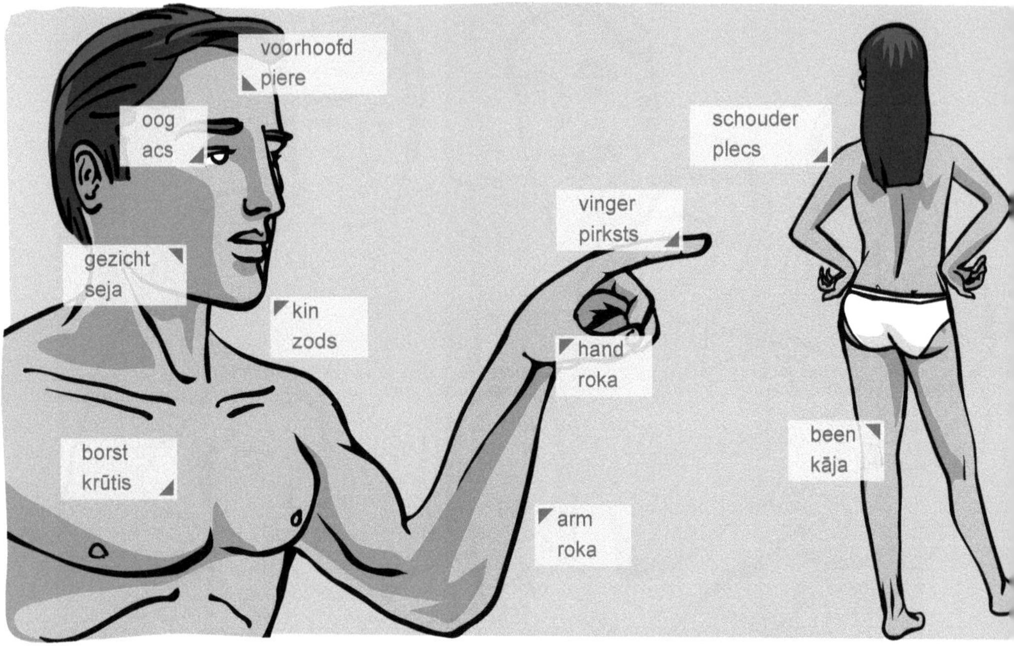

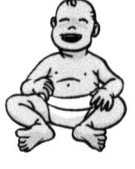

baby
mazulis

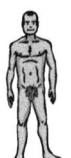

man
vīrietis

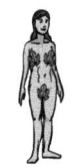

vrouw
sieviete

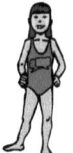

meisje
meitene

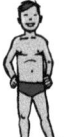

jongen
zēns

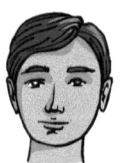

hoofd
galva

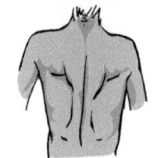

rug

mugura

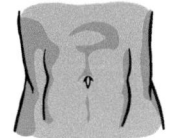

buik

vēders

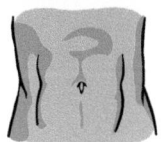

navel

naba

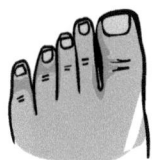

teen

kājas pirksts

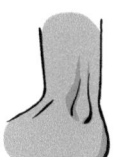

hiel

papēdis

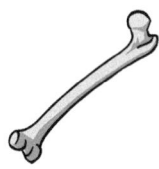

bot

kauls

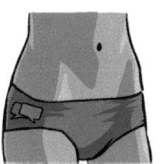

heup

gurns

knie

celis

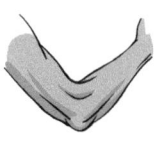

elleboog

elkonis

neus

deguns

achterwerk

dibens

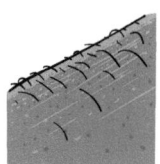

huid

āda

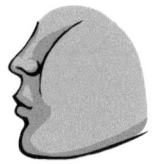

wang

vaigs

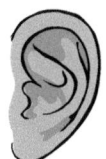

oor

auss

lippen

lūpa

mond
mute

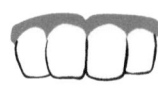

tand
zobs

tong
mēle

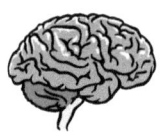

hersenen
smadzenes

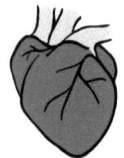

hart
sirds

spier
muskulis

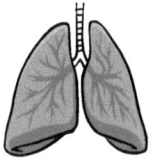

long
plaušas

lever
aknas

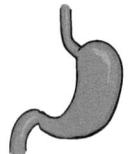

maag
kuņģis

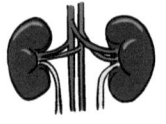

nieren
nieres

geslachtsgemeenschap
dzimumakts

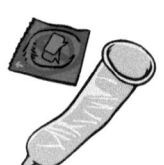

condoom
kondoms

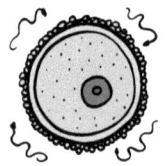

eicel
olšūna

sperma
sperma

zwangerschap
grūtniecība

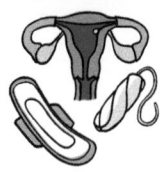

menstruatie
menstruācijas

vagina
vagīna

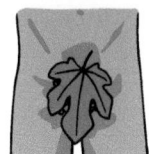

penis
penis

wenkbrauw
uzacs

haar
mati

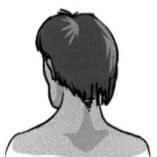

hals
kakls

ziekenhuis
slimnīca

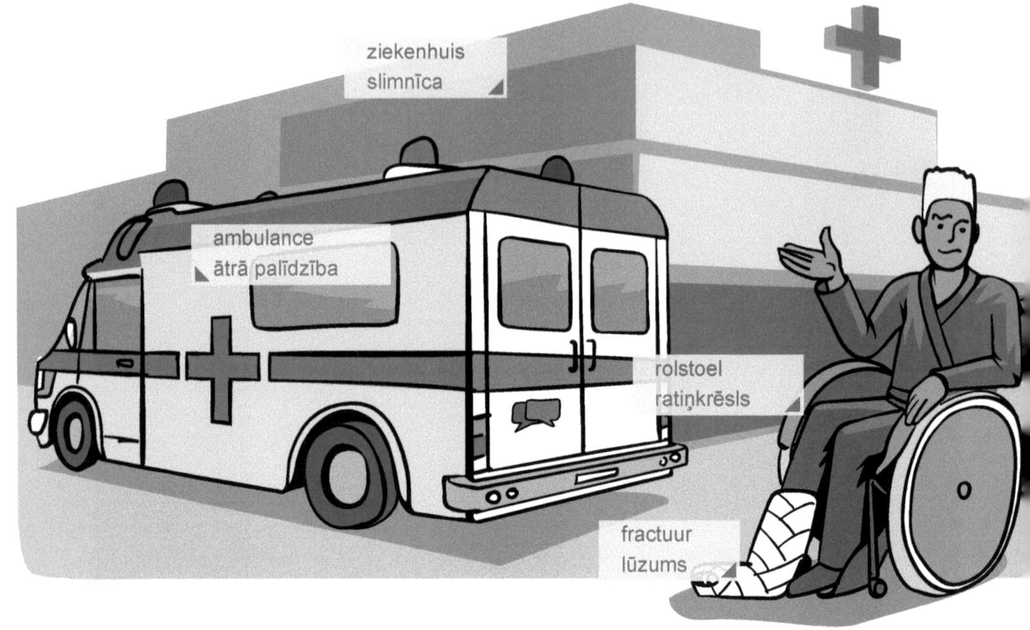

ziekenhuis
slimnīca
ambulance
ātrā palīdzība
rolstoel
ratiņkrēsls
fractuur
lūzums

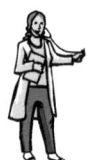

dokter

ārsts

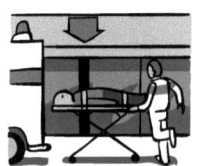

EHBO

neatliekamās palīdzības nodaļa

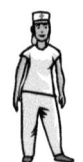

verpleegster

medmāsa

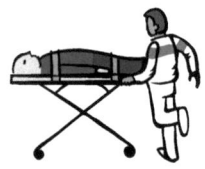

noodgeval

ārkārtas gadījums

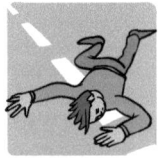

bewusteloos

paģībis

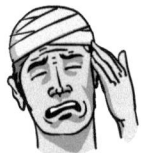

pijn

sāpes

verwonding

ievainojums

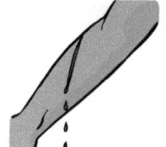

bloeding

asiņošana

hartaanval

sirdslēkme

beroerte

insults

allergie

alerģija

hoest

klepus

koorts

temperatūra

griep

gripa

diarree

caureja

hoofdpijn

galvassāpes

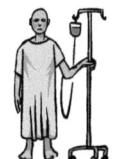

kanker

vēzis

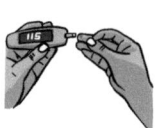

diabetes

diabēts

chirurg

ķirurgs

scalpel

skalpelis

operatie

operācija

CT
datortomogrāfija

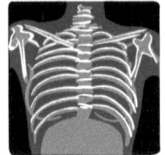

röntgen
rentgents

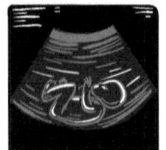

echografie
ultraskaņa

gezichtsmasker
sejas maska

ziekte
slimība

wachtkamer
uzgaidāmā telpa

kruk
kruķis

pleister
plāksteris

verband
apsējs

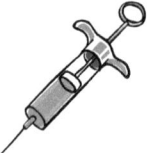

injectie
injekcija

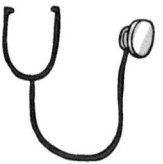

stethoscoop
stetoskops

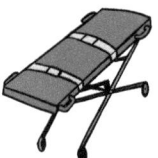

brancard
nestuves

thermometer
termometrs

geboorte
dzemdības

overgewicht
liekais svars

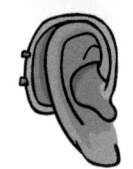

gehoorapparaat

dzirdes aparāts

ontsmettingsmiddel

dezinfekcijas līdzeklis

infectie

infekcija

virus

vīruss

HIV / AIDS

HIV / AIDS

medicijn

zāles

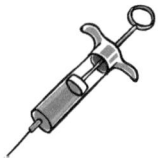

inenting

pote

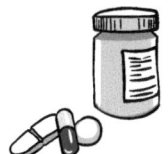

tabletten

tabletes

pil

pretapauglošanās tablete

alarmnummer

ārkārtas izsaukums

bloeddrukmeter

asinsspiediena mērītājs

ziek / gezond

slims / vesels

Help!

Palīgā!

alarm

trauksme

overval

uzbrukums

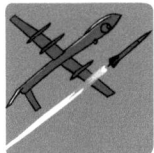

aanval

uzbrukums

gevaar

bīstamība

nooduitgang

avārijas izeja

Brand!

Uguns!

brandblusser

ugunsdzēšamais aparāts

ongeluk

negadījums

EHBO-koffer

pirmās palīdzības aptieciņa

SOS

SOS

politie

policija

Europa

Eiropa

Noord-Amerika

Ziemeļamerika

Zuid-Amerika

Dienvidamerika

Afrika

Āfrika

Azië

Āzija

Australië

Austrālija

Atlantische Oceaan

Atlantijas okeāns

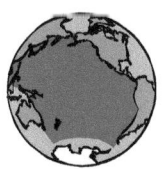

Stille Oceaan

Klusais okeāns

Indische Oceaan

Indijas okeāns

Zuidelijke Oceaan

Dienvidu okeāns

Noordelijke IJszee

Ziemeļu ledus okeāns

Noordpool

Ziemeļpols

Zuidpool
Dienvidpols

Antarctica
Antarktika

aarde
zeme

land
zeme

zee
jūra

eiland
sala

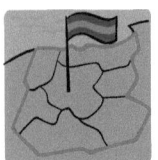

natie
nācija

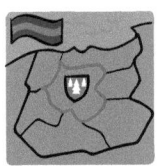

staat
valsts

78   aarde - zeme

wijzerplaat

ciparnīca

uurwijzer

stundu rādītājs

minutenwijzer

minūšu rādītājs

secondewijzer

sekunžu rādītājs

Hoe laat is het?

Cik ir pulkstenis?

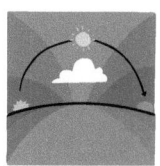

dag

diena

tijd

laiks

nu

tagad

digitaal horloge

digitālais pulkstenis

minuut

minūte

uur

stunda

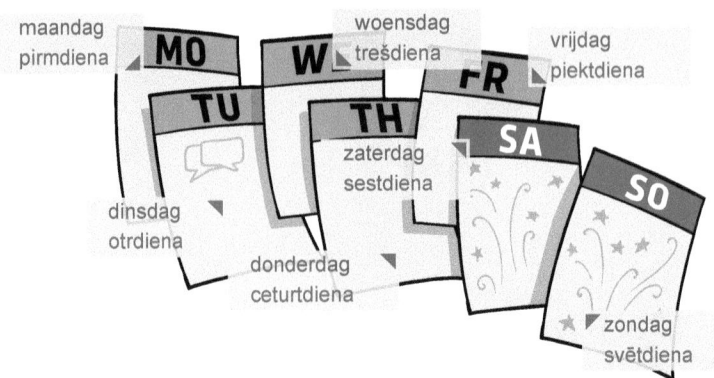

maandag / pirmdiena
woensdag / trešdiena
vrijdag / piektdiena
dinsdag / otrdiena
zaterdag / sestdiena
donderdag / ceturtdiena
zondag / svētdiena

gisteren
vakardien

vandaag
šodien

morgen
rītdien

ochtend
rīts

middag
pusdienlaiks

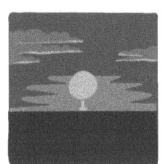

avond
vakars

werkdagen
darbadienas

weekend
brīvdienas

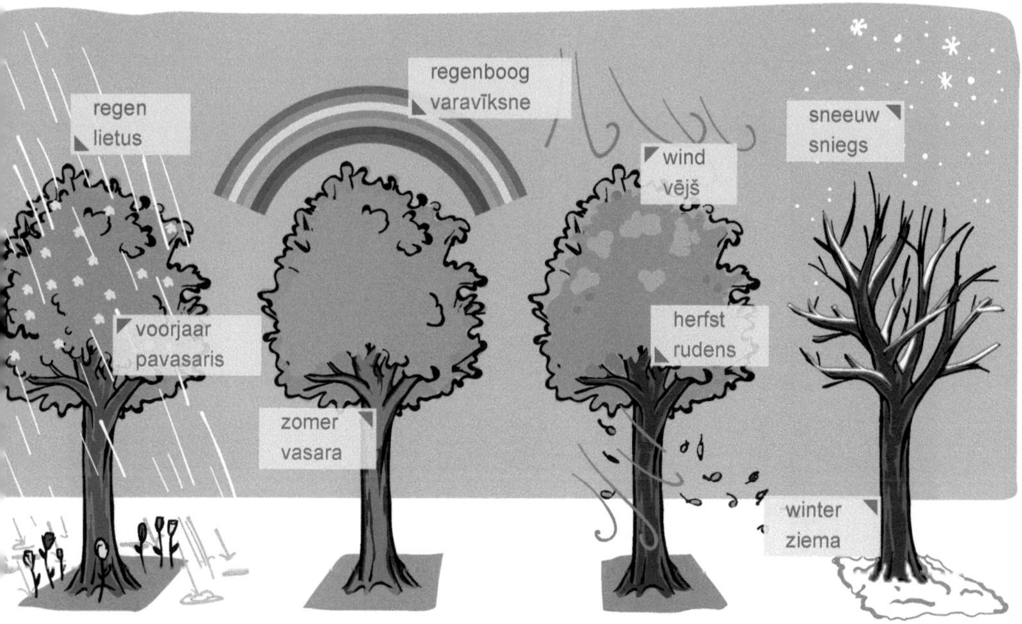

regen
lietus

regenboog
varavīksne

wind
vējš

sneeuw
sniegs

voorjaar
pavasaris

zomer
vasara

herfst
rudens

winter
ziema

4.APRIL	11°	☀
5.APRIL	4°	🌧
6.APRIL	13°	⛅
7.APRIL	8°	❄
8.APRIL	10°	☀

weerbericht

laika prognoze

thermometer

termometrs

zonneschijn

saules gaisma

wolk

mākonis

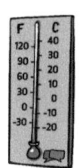

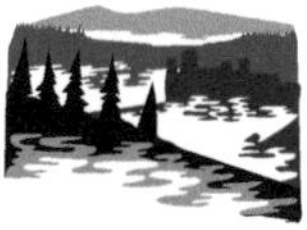

mist

migla

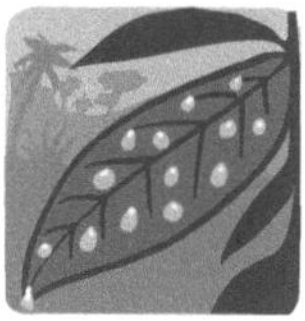

luchtvochtigheid

gaisa mitrums

bliksem

zibens

donder

pērkons

storm

vētra

hagel

krusa

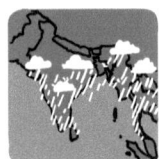

moesson

musons

overstroming

plūdi

ijs

ledus

januari

janvāris

februari

februāris

maart

marts

april

aprīlis

mei

maijs

juni

jūnijs

juli

jūlijs

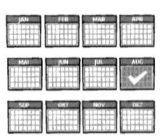

augustus

augusts

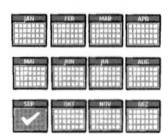

september
....
septembris

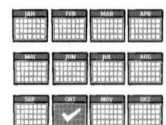

oktober
....
oktobris

november
....
novembris

december
....
decembris

vormen
formas

cirkel
....
aplis

vierkant
....
kvadrāts

rechthoek
....
četrstūris

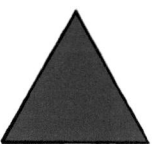

driehoek
....
trīsstūris

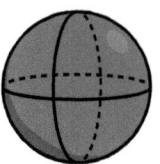

bol
....
lode

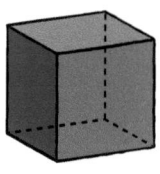

kubus
....
kubs

wit

balts

geel

dzeltens

oranje

oranžs

roze

sārts

rood

sarkans

paars

lillā

blauw

zils

groen

zaļš

bruin

brūns

grijs

pelēks

zwart

melns

veel / weinig

daudz / maz

boos / rustig

saniknots / miermīlīgs

mooi / lelijk

skaists / neglīts

begin / einde

sākums / beigas

groot / klein

liels / mazs

licht / donker

gaišs / tumšs

broer / zus

brālis / māsa

schoon / vies

tīrs / netīrs

volledig / onvolledig

pilnīgs / nepilnīgs

dag/ nacht

diena / nakts

dood / levend

miris / dzīvs

breed / smal

plats / šaurs

eetbaar / oneetbaar	gemeen / aardig	opgewonden / verveeld
baudāms / nebaudāms	nikns / laipns	satraukts / garlaikots

dik / dun	eerste / laatste	vriend / vijand
resns / tievs	pirmais /pēdējais	draugs / ienaidnieks

vol / leeg	hard / zacht	zwaar / licht
pilns / tukšs	ciets / mīksts	smags / viegls

honger / dorst	ziek / gezond	illegaal / legaal
izsalkums / slāpes	slims / vesels	nelegāls / legāls

intelligent / dom	links / rechts	dichtbij / ver
inteliģents / dumjš	kreisais / labais	tuvu / tālu

nieuw / gebruikt

jauns / lietots

niets / iets

nekas / kaut kas

oud / jong

vecs / jauns

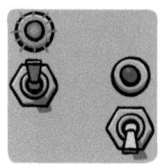

aan / uit

ieslēgts / izslēgts

open / gesloten

atvērts / slēgts

zacht / luid

kluss / skaļš

rijk / arm

bagāts / nabags

goed / fout

pareizi / nepareizi

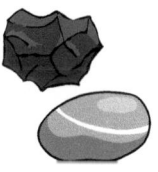

ruw / glad

raupjš / gluds

verdrietig / gelukkig

noskumis / laimīgs

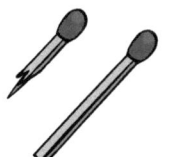

kort / lang

īss / garš

langzaam / snel

lēns / ātrs

nat / droog

slapjš / sauss

warm / koel

silts / vēss

oorlog / vrede

karš / miers

0

nul

nulle

1

één

viens

2

twee

divi

3

drie

trīs

4

vier

četri

5

vijf

pieci

6

zes

seši

7

zeven

septiņi

8

acht

astoņi

9

negen

deviņi

10

tien

desmit

11

elf

vienpadsmit

12	**13**	**14**
twaalf	dertien	veertien
divpadsmit	trīspadsmit	četrpadsmit

15	**16**	**17**
vijftien	zestien	zeventien
piecpadsmit	sešpadsmit	septiņpadsmit

18	**19**	**20**
achttien	negentien	twintig
astoņpadsmit	deviņpadsmit	divdesmit

100	**1.000**	**1.000.000**
honderd	duizend	miljoen
simts	tūkstotis	miljons

Engels

anglu

Amerikaans Engels

amerikāņu angļu

Chinees Mandarijn

ķīniešu mandarīnu valoda

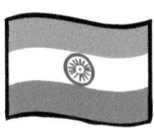

Hindi

hindi

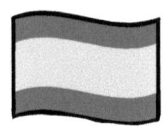

Spaans

spāņu

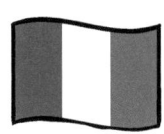

Frans

franču

Arabisch

arābu

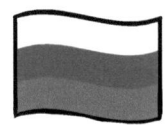

Russisch

krievu

Portugees

portugāļu

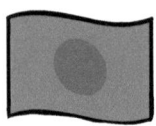

Bengalees

bengāļu

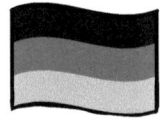

Duits

vācu

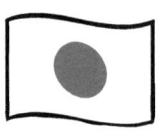

Japans

japāņu

ik
....
es

jij
....
tu

hij / zij / het
....
viņš / viņa

wij
....
mēs

jullie
....
jūs

zij
....
viņi / viņas

wie?
....
kas?

wat?
....
ko?

hoe?
....
kā?

waar?
....
kur?

wanneer?
....
kad?

naam
....
vārds

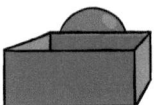

achter

aiz

in

iekšā

voor

priekšā

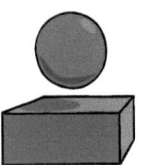

boven

virs

op

uz

onder

zem

naast

blakus

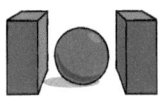

tussen

starp

plaats

vieta